Jürgen Ober, Luftaufnahmen / juergen-ober@web.de

Liebe Leser,

Pfersee ist, so wie Augsburg auch, über 2000 Jahre alt. In diesem Jahr feiern wir nun die 100-jährige Eingemeindung dieses ehemals eigenständigen Ortes. Welche Bedeutung diese Eingliederung für den neuen Stadtteil und Augsburg hatte und noch heute hat, können Sie in einem kurzen Abriss der Geschichte auf den nächsten Seiten verfolgen.

Mit freundlicher Unterstützung der Augsburger Allgemeinen wurden die Bürger aufgerufen, von diesem Stadtteil Fotos einzuschicken. 31 Fotografen haben daraufhin fast 3000 Bilder zur Verfügung gestellt, die überwiegend im Juli 2011 entstanden sind. Der Wißner-Verlag hat daraus einen lebendigen Querschnitt des Pfersee von heute entworfen. Er zeigt, wie auch dieser Stadtteil den Zug in die heutige Zeit nicht verpasst hat, wie modern und zeitgemäß er geworden ist, wie viele schöne Winkel und Naturrefugien erhalten geblieben oder wieder entstanden sind, wie aus den Arealen der Amerikaner reizvolle Wohnparks entstanden sind und wie gerne die Menschen hier leben.

Die Stadtsparkasse Augsburg fühlt sich eng mit diesen Menschen vor Ort verbunden. Sie war von Anfang an mit einer Filiale in Pfersee vertreten und fördert viele Projekte für das Zusammenleben und -arbeiten. Deshalb haben wir auch gerne dieses Buchprojekt unterstützt, das zeigt, dass die Menschen ihren Stadtteil lieben. Doch es gibt wie immer noch viel zu tun, denn die Zeit bleibt nie stehen und wir gehen mit ihr.

herzlich Ihr

Rolf Settelmeier
Vorstandsvorsitzender

Stadtsparkasse
Augsburg

Die Zukunftssparkasse

100 Jahre Eingemeindung

Pfersee in Bildern

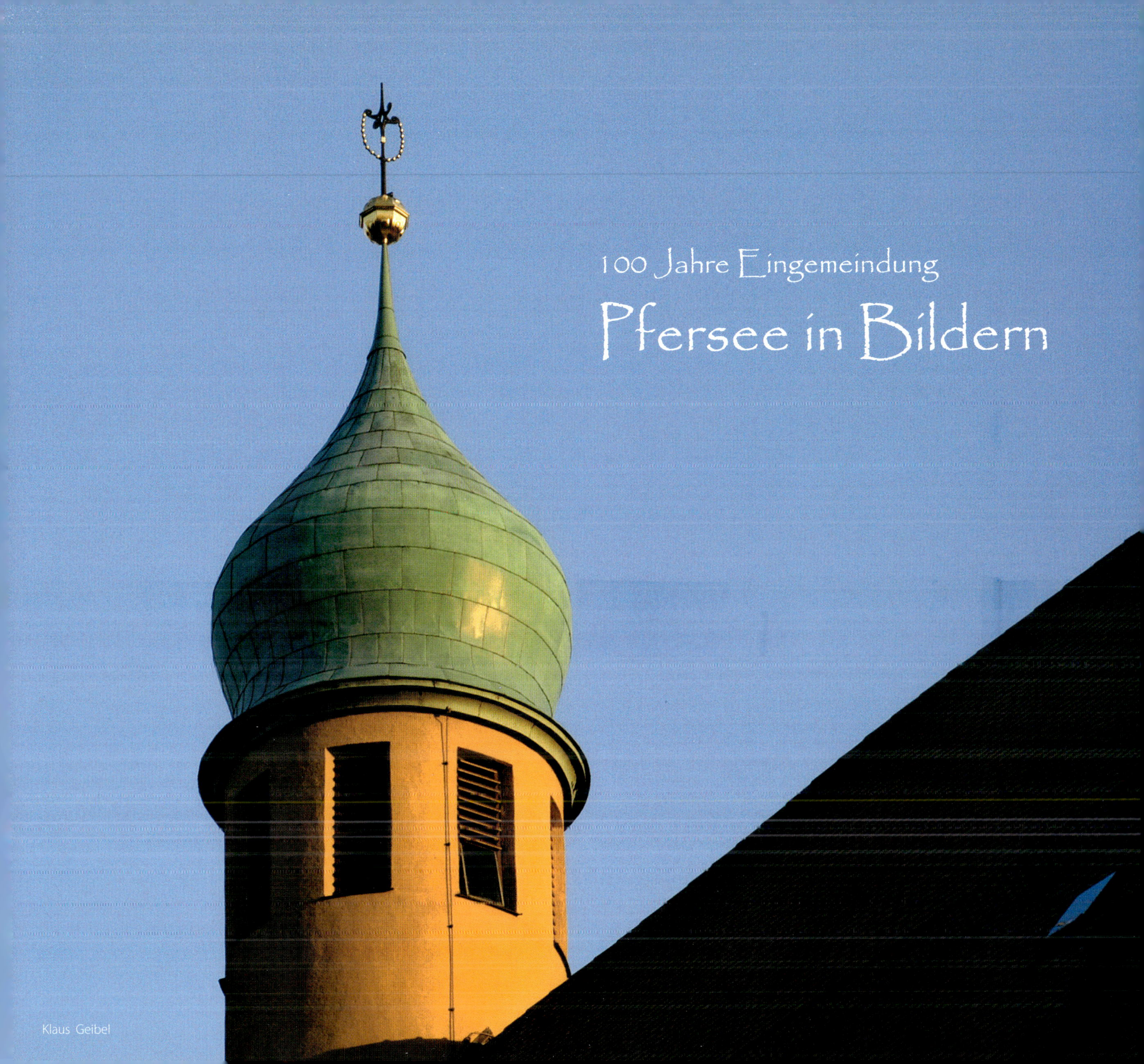

Klaus Geibel

Bibliografische Information Der Deutschen Bibliothek
Die Deutsche Bibliothek verzeichnet diese Publikation in der Deutschen Nationalbibliografie; detaillierte bibliografische Daten sind im Internet über http://dnb.ddb.de abrufbar.

 www.wissner.com
ISBN 978-3-89639-831-4

Konzeption und Layout: Bernd Wißner, Ute Haidar
Geschichtstexte: Philipp v. Rußdorf
Texte mit freundlicher Unterstützung von Bernhard Kammerer und Wolfgang Konrad
Bildbearbeitung: Alfred Neff, Wißner-Verlag
Druck: AZ Druck und Datentechnik, Kempten

Wir danken den Fotografen:
Siegbert Babl
Eva Beckord
Jürgen Blind u. Simone Dieter
Silvia I. Bomhardt
Erika Buschdorf
Frank Büscher
Jürgen Deuter
Karl Fieger
Oliver Frühschütz
Klaus Geibel
Dieter Gillessen
Günther Jaumann
Julia Kammerer
Hermann Kleitner
Stefan Koch
Norbert Liesz
Anke Mennenga
Florian Mücke
Jürgen Ober
Luzia Pätzel
Elvira Pfab
Erika Portisch
Angelika Prem
Hilde Reiter
Beatrice Schubert
Norbert Steffan
Florian Strobl
Alfred Wirth
Bernd Wißner
Martin Wolf
Barbara Wolff

Dieter Gillessen

Inhalt

Beatrice Schubert

Angelika Prem

Stefan Koch

Angelika Prem

Julia Kammerer

Karl Fieger

Bernd Wißner

Google Earth

Beatrice Schubert

Spurensuche

2000 Jahre Pfersee, 100 Jahre Eingemeindung

Die Gründung Pfersees
Wer zuerst auf dem Gebiet des heutigen Pfersee lebte, ist unklar – ebenso, woher der Name des Ortes stammt. Ein Altarm der Wertach liefert dafür sicherlich die aufregendste Erklärung: Der Sage nach flüchtete der berühmte römische Feldherr Varus (rechts auf einer Münze) nach verlorener Schlacht im Teutoburger Wald in die Gegend des heutigen Pfersee. Dort soll er schließlich an einem See verstorben sein. Da Varus auch Verres genannt wurde, könnte sich der Name Pfersee aus „Verres-See" entwickelt haben. Eine andere Möglichkeit geht auf die Kelten zurück: „perz" steht nämlich für Burg oder auch Pforte. Eventuell gab es ein römisches Kastell auf diesem Gebiet, als Schutz eines Brückenkopfes. Die Römer könnten dann eine Bezeichnung der einheimischen Bevölkerung für das Lager übernommen haben. Es wurde wohl für den Fall errichtet, dass Legionäre z.B. wegen Hochwassers die Brücke über die Wertach ins römische Augsburg nicht überqueren konnten. Aus dieser Zeit sind in Pfersee Pfeilspitzen und Bruchstücke von Waffen und Gefäßen erhalten geblieben. Sogar einige Helme (siehe Bild unten) gehörten zu den Fundstücken. 1769 schwemmte die Wertach einen vergoldeten Pferdekopf aus Bronze frei, der dort wohl vor den Alemannen versteckt werden sollte, als diese Augsburg 271 belagerten. Möglich ist auch, dass die Alemannen römische Denkmäler in die Wertach stießen und der Pferdekopf so in den Fluss gelangte.

Bilder: Römisches Museum Augsburg

Der Schröck von Pfersee
Ab dem 12. Jahrhundert soll an der Stelle des heutigen Pferseer Schlössle eine Bande von Raubrittern, die „milites de Pfersee", ihre Burg gehabt haben. Hermann III. von Pfersee, auch der „Schröck von Pfersee" genannt, verkaufte diese Burg 1285 an den Bischof von Augsburg. Er selbst blieb weiterhin Raubritter und wurde deshalb 1309 geächtet. Erst drei Jahre später konnte er gefasst werden. Hermann erkannte dann, dass sein Tun unrecht war, tat Buße und richtete mit seinem – teilweise erbeuteten – Besitz fromme Stiftungen ein. In der folgenden Zeit wechselte das Schlössle und damit Pfersee häufig die Besitzer. Heute erinnern noch einige Straßen an sie, etwa die Ohnsorgstraße, die Koboldstraße und die Kazböckstraße.

Siegbert Babl

Der Mühlbach wird nördlich des Lokalbahnsteges vom Wertachkanal abgezweigt und unter der Wertach hindurchgeführt. So „entspringt" der Bach an der Luitpoldstraße und verläuft parallel zum ehemaligen Lokalbahngleis. Durch die früheren Fabrikgelände der Spinnerei und Weberei Pfersee und der Kunstseidefabrik Bemberg fließt er an der Firma Eberle und dem Sportplatz des TSV Pfersee vorbei. Auf diesem Weg betreibt er zwei kleine Elektrizitätswerke.

Soldaten in Pfersee

Pfersee wurde in verschiedenen Kriegen einige Male niedergebrannt, 1462 z.B. durch Ludwig den Reichen von Baiern-Landshut. Während der Spanischen Erbfolgekriege (1701–1714) und der Napoleonischen Kriege (ab 1793) mussten mehrfach durchziehende Heere mit Lebensmitteln versorgt werden. Einen Höhepunkt dürften hier wohl die 10.000 Soldaten des russischen Heers darstellen, das 1799 in Pfersee haltmachte.

Jüdische Ansiedlung

1438 wurde beschlossen, dass die in Augsburg lebenden Juden vertrieben werden sollen. Keine zwei Jahre später verließ der letzte von ihnen die Stadt. Markgraf Erzherzog Ferdinand erlaubte Juden 1569, sich in Pfersee anzusiedeln. Dies geschah jedoch gegen den Willen des Gutsherren Sailer, der darüber so verärgert war, dass er Pfersee im folgenden Jahr verkaufte. Im 18. Jahrhundert sind 28 jüdische Haushalte in Pfersee nachgewiesen. Es gab neben einer Synagoge auch eine jüdische Schule und ein rituelles Bad, die jedoch alle nicht mehr erhalten sind. Der für die jüdischen Gemeinden Steppach, Kriegshaber und Pfersee angelegte Friedhof (Bild) existiert noch und liegt an der Hooverstraße westlich des B17-Tunnels in Kriegshaber. In der zweiten Hälfte des 19. Jahrhunderts löste sich die jüdische Gemeinde in Pfersee auf, da viele Juden wegen ihrer Geschäfte nach Augsburg zogen.

Industrialisierung am Mühlbach

Bis 1803 war Pfersee Teil der Markgrafschaft Burgau, die wiederum zu Vorderösterreich gehörte. Zu diesem Zeitpunkt lebten hier etwas weniger als 600 Menschen. Dies änderte sich schlagartig mit der Ansiedlung einiger Fabriken, für die Pfersee wegen seiner Infrastruktur ein interessanter Standort war: Der nahe Augsburger Hauptbahnhof bot Verbindungen nach München, Donauwörth, Kempten/Lindau, Ulm und seit 1875 auch nach Ingolstadt. Ein weiterer Standortvorteil war der Mühlbach, ein Kanal, der von der Wertach abgeleitet wurde. Sein Wasser hatte damals für die Fabriken eine große Bedeutung, er versorgte Textilfabriken und die Firma Eberle. Nahe des Sportgeländes fließt der Mühlbach weiter in Richtung Kriegshaber.

Angelika Prem

Dierig

- 1887 als „Mechanische Weberei am Mühlbach, Gebrüder Schnell" gegründet
- 1919 Beginn der Produktion in Pfersee
- 1927 Bau eines neuen Websaals. Dierig wird größte Jacquarweberei im Deutschen Reich
- 1997 Einstellung der Produktion von Tuchen, neue Nutzung der ehemaligen Produktionsstätten: Wohn- und Büroräume, Theater Augsburg
- 2003 Eröffnung des Christian-Dierig-Hauses zur Seniorenbetreuung

Karl Fieger

Pfersee war mit seinen billigen Grundstücken ein beliebter Industriestandort. Dies lag auch daran, dass in Augsburg eine Gruppe Unternehmer neue Fabrikansiedlungen verhinderte. In Pfersee konnten Arbeitskräfte verhältnismäßig günstig angeworben werden und in der Nähe des Arbeitsplatzes zu deutlich geringeren Mieten und Lebensmittelpreisen als in Augsburg wohnen und leben. Die Unternehmer konnten niedrigere Löhne zahlen. Ab 1866 wuchs Pfersee dann rasant an. Wie in anderen Orten, in denen die Bevölkerung durch die Industrialisierung stark zunahm, fehlte es vor allem an Wohnraum. So lebte

eine Familie oftmals nicht allein in einer Wohnung, sondern nahm so genannte Schlafgänger auf. Häufig schliefen sie in den Betten der Hauptmieter, wenn diese arbeiteten, und waren schon dankbar für ein Nachtkästchen und einen Haken an der Wand. Die Aufnahme von Schlafgängern linderte nicht nur die Wohnungsnot, sondern entlastete auch die Hauptmieter finanziell. Viele Unternehmer errichteten Wohnsiedlungen, um Arbeiter zu belohnen, die dem Unternehmen treu ergeben waren. So ließen z.B. die Gebrüder Schnell um 1900 eine Siedlung aus fünf Häusern errichten (Pater-Roth-Straße).

Die Eingemeindung

Anfang des 20. Jahrhunderts lebten schon mehr als 10.000 Menschen in Pfersee, das damit groß genug war, um eine Stadt zu werden. Dies hätte jedoch finanzielle Schwierigkeiten bedeutet: Ein Rathaus, Kanalisation und Trinkwasserleitungen wären notwendig geworden. Nach Jahren der Verhandlung – nicht alle Gemeinderäte standen voll hinter dem Projekt – ließ sich Pfersee schließlich 1911 nach Augsburg eingemeinden. Danach verbesserten sich die Lebensbedingungen deutlich. War das Abwasser bis dahin über Rinnen in der Straße abgeflossen, wurde nun 1912 mit dem Bau der Kanalisation begonnen. Die Trinkwasserversorgung folgte kurze Zeit später. Besonders freuten sich die Kinder über die Eingemeindung. Sie erhielten nämlich neben einer Medaille (Bild oben) auch Würstchen, ein Salzkipferl und das Beste: eine Tafel Schokolade.

Erster Weltkrieg

Die Textilindustrie hatte bereits vor 1914 unter Krisen zu leiden. Der Kriegsbeginn dämpfte die Kauflust zusätzlich, bis Meldungen von Siegen an der Westfront kamen. Uniformen und andere Textilien für militärische Zwecke wurden verstärkt nachgefragt. Als jedoch keine Baumwolle mehr aus dem Ausland gekauft werden konnte, mussten viele Betriebe die Produktion einstellen. Der Aufschwung nach dem Krieg erfolgte nur sehr langsam.

Drittes Reich und Zweiter Weltkrieg

Ab 1933 begann die NSDAP langsam aber sicher, die Strukturen in Pfersee zu unterwandern. Die Partei wurde bei den Wahlen zwar stärkste Kraft, allerdings nicht so deutlich wie im Reichsdurchschnitt. 1934 bis 1936 entstanden im Rahmen der nationalsozialistischen Hochrüstungspolitik auf landwirtschaftlichen Flächen im Westen des Stadtteils drei Kasernen, die später von den Amerikanern zur Sheridan-Kaserne zusammengefasst wurden. Die Nationalsozialistische Propaganda war in den Betrieben bald allgegenwärtig. Andersdenkende wurden verhaftet. Mit dem Kriegsbeginn setzten auch Pferseer Betriebe Zwangsarbeiter ein, da die Männer zum Kriegsdienst herangezogen wurden. Bei den Luftangriffen auf Augsburg blieb Pfersee weitestgehend unbeschädigt. 1944/45 befand sich auf dem Kasernengelände ein Außenlager des KZ Dachau mit mehr als 1000 KZ-Häftlingen, die für die Flugzeugproduktion bei Messerschmitt arbeiten mussten. Zahlreiche Straßennamen erinnern an Opfer und Widerstandskämpfer der NS-Zeit, wie z.B. die Bebo-Wager-, die Clemens-Högg-, die Hans-Adlhoch- oder die Leonhard-Hausmann-Straße.

Pfersee wird Wohngebiet

Heute ist Pfersee fast ausschließlich Wohngebiet. Von den alten Fabriken produziert nur noch Eberle in Pfersee. Auf vielen ehemaligen Fabrikgrundstücken stehen nun Wohngebäude. Auch die Bereiche, die nach dem Krieg von den amerikanischen Truppen genutzt worden waren, wurden nach deren Abzug 1998 zu Wohngebieten.

Die Halle 116 beherbergte 1944/45 ein Außenlager des KZ Dachau. Sie soll in Zukunft auch als Gedenkstätte genutzt werden.

Dieter Gillessen

Angelika Prem

- seit 1836 Produktion von Laubsägen in Augsburg
- 1885 Kauf von Grundstücken in Pfersee
- 1910 Aufgabe des Augsburger Standortes, Vereinigung der Produktion im Pferseer Werk
- Eberle produziert heute Bandstahlprodukte und konnte 2010 sogar stärker wachsen als der Durchschnitt der Metallbranche

Pfersee von oben

Die Sanierung des Kirchendachs von Herz Jesu (hier beim Abnehmen der Ziffernblätter) gestatteten der Fotografin ungewohnte Blicke auf Pfersee in alle Himmelsrichtungen. Hier der Blick nach Süden zur Adlhochschule.

Bilder: Angelika Prem

Blick nach Westen über St. Paul, St. Michael, Stadtbergen und Westliche Wälder.

Blick nach Norden: im Vordergrund die Augsburger Straße mit der Stadtsparkasse und die Kirchbergstraße, im Hintergrund die Firmengelände von Dierig und Eberle sowie der Gaskessel von Oberhausen.

Bilder: Angelika Prem

Blick nach Osten, Richtung Augsburg, mit Pfersee-Park und Mühlbachviertel.

Dieser Blick zeigt besonders deutlich die Kreuzform des Kirchenbaus, den Pfarrhof und den Pfersee-Park.

Bilder: Angelika Prem

Norbert Liesz

Kunsttunnel

Der Weg von Augsburg nach Pfersee beginnt mit einem Tunnel. Aus der einstigen „Angströhre“ wurde 2003 in Zusammenarbeit mit engagierten Bürgern und der Künstlerin Edda Rosemann ein Kunsttunnel, der rund um die Uhr mit sanfter Hintergrundmusik beschallt wird. Die Einteilung in farbige Ringe soll die Unterführung optisch verkürzen. Heimische Künstler, Laienmaler und Kinder konnten verschiedene Malfenster frei gestalten.

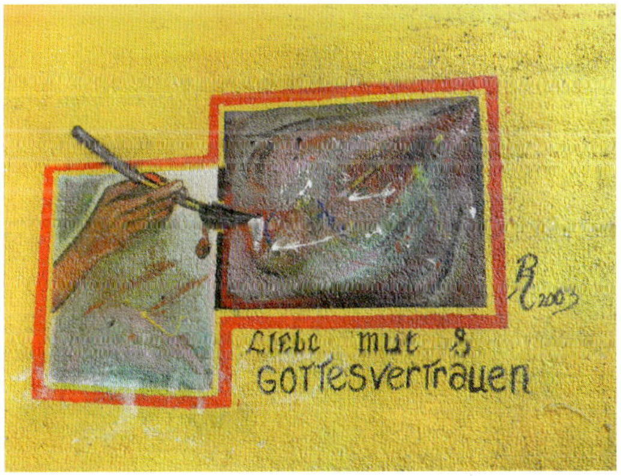

Bilder: Angelika Prem

Norbert Steffan

Entlang der Augsburger Straße

Von der Luitpoldbrücke bis Herz Jesu

Von Augsburg kommend, ist die überbreite Luitpoldbrücke das Tor nach Pfersee. Wer von hier auf die Augsburger Straße blickt, erkennt sofort die städtebauliche Spannung: Von dörflichen Bauten über die Gründer- bis in die Neuzeit sind auf engstem Raum die verschiedensten Stilrichtungen vertreten.

Hermann Kleimer

Norbert Steffan: Wertach unter Luitpoldbrücke

Karl Fieger

Café Schenk

Aus der ehemaligen Durchgangsstraße ist mit den Jahren ein belebtes Stadtteilzentrum geworden. Hier finden sich Geschäfte des täglichen Bedarfs, Wirtschaften und Cafés sowie prächtige Bürgerhäuser. Das Herzstück Pfersees, die Jugendstilkirche Herz Jesu, liegt ebenso an dieser Straße wie die evangelische Kirche St. Paul.

Das Immler-Haus ist das älteste Gebäude an der Augsburger Straße und stammt aus der Gründerzeit. Es diente 1891 dem königlich-bayerischen Post- und Telegraphenamt als Sitz. Heute befindet sich in dem Gebäude die Filiale einer Drogeriekette.

Angelika Prem

Folgt man der Augsburger Straße weiter ortseinwärts, liegt auf der rechten Seite der Gasthof „Sieben Schwalben" mit seinem schattigen Biergarten. Das Haus, um 1880 erbaut, stammt noch aus der ersten Bauphase an der Augsburger Straße. Damals hatten die Gebäude dörflichen Charakter und waren großzügig mit Grünflächen und Vorgärten umgeben, die später der Straße geopfert wurden. Die Gaststätte ist übrigens das einzige Haus, das über die Jahre seine ursprüngliche Nutzung erhalten konnte.

Angelika Prem

St. Michaels Apotheke

Der namensgebende Erzengel Michael schmückt die Fassade der ehemaligen Apotheke an der Augsburger Straße. 100 Jahre lang wurde hier bis 2005 eine Apotheke geführt. In dem mit viel Liebe zum Detail gestalteten Haus befindet sich heute eine Arztpraxis.

Bilder: Beatrice Schubert

Karl Fieger

Jürgen Blind u. Simone Dieter

Bilder: Angelika Prem

Herz Jesu

Da es in Pfersee wesentlich mehr Gläubige gab, als die alte Kirche am Ort fassen konnte, wurde 1892 ein Kirchenbauverein gegründet. In den folgenden Jahrzehnten sammelte er die nötigen Mittel für den Bau einer neuen Kirche. Der Entwurf stammt von dem damals erst 30 Jahre alten Architekten Michael Kurz. 1907 konnte schließlich die Grundsteinlegung erfolgen, drei Jahre später die Weihe. Die Herz-Jesu-Kirche ist die größte Jugendstilkirche Süddeutschlands und reich verziert. Der markante Bau mit seinem 92 Meter hohen Turm stellt das dritthöchste Gebäude der Stadt Augsburg dar. Die Innenausstattung ist ein Gesamtkunstwerk des Jugendstils.

Angelika Prem

Jugendstiljuwel

Der herausragend gestaltete Innenraum findet deutschlandweit Beachtung. Vergleicht man die dreischiffige Basilika mit anderen Gotteshäusern, wie z.B. der Synagoge in der Halderstraße oder auch mancher Moschee, gibt es überraschende Ähnlichkeiten. Kein Wunder, denn alle genannten Gebäude orientieren sich am byzantinischen Stil, für den Kuppelbauten und Mosaike typisch sind.

Elvira Pfab

Dieter Gillessen

Lichtdurchflutet

Je nach Tages- und Jahreszeit erstrahlen verschiedene Teile des Raumes in einem eigenen Glanz. Die Mittagssonne fällt im Sommer steil und hell in das Kirchenschiff. Nachmittags wandert das durch die Rosette buntgegliederte Licht durch den Altarraum. Manche Lichteffekte gibt es nur an wenigen Tagen im Jahr, je nach Sonnenstand (siehe nächste Seite).

Dieter Gillessen

Bilder: Beatrice Schubert

Kommet zu mir, alle die ihr mühselig und beladen seid

Der Text am Bogen der Altarkuppel verdeutlicht, was auf den Bildern des Altarraumes zu sehen ist: Menschen aller Herkunft werden vom Heiland willkommen geheißen. Sogar ein Indianerhäuptling folgt dieser Einladung. Die Erbauer der Kirche wollten ganz bewusst diese Botschaft vermitteln.

Bilder: Beatrice Schubert

Herausragend

Bilder: Angelika Prem

Die Dachdecker konnten während der Renovierung diesen Blick auf den Turm und seine Fabelwesen auf dem Sims erleben.

Dieter Gillessen: Herz Jesu und Hotelturm

Angelika Prem

Beatrice Schubert

Norbert Ste

Albaretto – Wohnen und
Mehr als

Bilder: Angelika Prem/Bernd Wißner

Die Stadtsparkasse bei Herz Jesu

1822 wurde die erste Sparkasse in Augsburg durch den königlichen Finanzrat und Bankier Johann Lorenz Freiherr von Schaezler gegründet. Doch nur Personen, die in Augsburg wohnten, durften Einlagen tätigen. Deshalb unterstützte Schaezler die Gründung einer Sparkasse in Göggingen. Deren geringe Akzeptanz in den umliegenden Dörfern führte jedoch 1863 dazu, dass die Gögginger Sparkasse der Augsburger angegliedert wurde. 1921 wurde die Zweigstelle III für den Stadtbezirk Pfersee im ehemaligen Bezirkskommissariat in der Augsburger Straße 23/I eröffnet. 1941 befand sich die Zweigstelle III dann in der Eberlestraße 1. Die heutige Zweigstelle der Stadtsparkasse in der Augsburger Straße 26 besteht seit 1964.

Entlang der Augsburger Straße

und weiter bis zur Stadtgrenze

Bereits seit 1910 gibt es in Pfersee das Unternehmen Konrad. 1894 als kleines Textilgeschäft von Anton Konrad in Stadtbergen gegründet, wurden die ersten Verkaufsräume bald zu klein und es folgte der Umzug in die Spichererstraße 25. Der heutige Standort existiert seit 1938. Als es während des Zweiten Weltkriegs nicht mehr genug Waren gab, musste das Geschäft bis zur Währungsreform geschlossen werden.1962 erfolgte der Ausbau zum Kaufhaus, Konrad führte nun also nicht mehr nur Textilien. Bereits nach wenigen Jahren wurde das Geschäft weiter ausgebaut und die Verkaufsfläche mehr als verdoppelt. Heute ist im Familienunternehmen Konrad bereits die vierte Generation tätig.

Karl Fieger

Gut gelungen ist die Sanierung des Eckhauses Augsburger Straße / Gellertstraße (ehem. Haus Ottmann). Noch vor einigen Jahren präsentierte sich dieser Bau als eine in die Jahre gekommene graue Maus. Nach der Sanierung durch die Familie Astor fällt heute wieder die gründerzeitliche Schönheit ins Auge.

Angelika Prem

Angelika Prem

Die reiche Ausstattung des um 1914 entstandenen Ohnerberghauses ist vor allem in den oberen Stockwerken erhalten geblieben. Es zeigt, mit welchem Stolz die Bürger um die Jahrhundertwende ihre „Hauptstraße" gestalteten. Auch heute noch herrscht hier reges geschäftliches Treiben.

Hilde Reiter

Angelika Prem

Jürgen Deuter

Bilder: Angelika Prem

St. Michael

Die katholische Dorfkirche St. Michael entstand ab 1685 wohl unter der Leitung des Baumeisters David Mozart, eines Verwandten des Musikgenies Wolfgang Amadeus. Sie steht auf den Grundmauern einer wesentlich älteren gotischen Kirche, die auf alten Stichen noch zu sehen ist. Der barocke Innenraum beeindruckt mit Fresken von Johann Georg Bergmüller und fein gearbeiteten Stuckverzierungen.

Wer die reiche Ausgestaltung von St. Michael bewundern will, sollte sich vorher beim Pfarramt erkundigen, da die Kirche aus Sicherheitsgründen meist abgesperrt ist.

St. Paul

Den Abschluss der Augsburger Straße bildet seit 1964 die evangelische Kirche St. Paul. Vorher befand sich hier das „Gasthaus zum bayerischen Wirth". Die evangelische Gemeinde entwickelte sich erst im Zuge der Industrialisierung. Anfangs stand nur das Bethaus zur Verfügung.

Bilder: Jürgen Blind u. Simone Dieter

Angelika Prem

Malerisches Schlössle

Lange Zeit wurde das Schlössle im Volksmund Hermannsburg genannt, in Erinnerung an den Raubritter, der als „Schröck von Pheresee" Angst und Schrecken verbreitete und dessen Burg wohl an der Stelle des Schlössles stand. Der Renaissancebau wurde 1585 vom Augsburger Kaufmann Martin Zobel errichtet und konnte schon auf viele Besitzer zurückblicken. An diese erinnern heute Pferseer Straßennamen wie Kobold, Kazböck oder Ohnsorg. 1882 wurde das Schlössle von der Gemeinde Pfersee gekauft und bis 1963 als Armen- und Krankenhaus benutzt. Danach verfiel das historische Gebäude langsam. Anfang der 1990er Jahre wurde es von der Stadt Augsburg verkauft, renoviert und beherbergt seitdem Büroräume und Arztpraxen.

Jürgen Blind u. Simone Dieter

Jürgen Deuter, Wappen: Elvira Pfab

Angelika Prem

Norbert Steffan

Ab St. Paul ist der Name der Durchgangsstraße nach dem Ziel benannt: Stadtberger Straße. Direkt hinter dem Friedhof beginnt die Nachbarstadt, die im Landkreis Augsburg liegt.

Angelika Prem

Karl Fieger

Angelika Prem

Angelika Prem

Bilder: Jürgen Blind u. Simone Dieter

Martin Wolf

Westfriedhof

Der Westfriedhof mit seinem neubarocken Torbau entstand ab 1914. Bebo Wager, bekannter Widerstandskämpfer gegen das Nazi-Regime, hat hier sein Ehrengrab. Eine Gedenkstätte erinnert an die Opfer der Konzentrationslager.

Bilder: Karl Fieger

Angelika Prem

Angelika Prem

Luzia Pätzel

Pfersee-Park

Ein Marktplatz mit Brunnen lädt zum Verweilen ein. Das Brunnenwasser tropft von oben herab und wird durch rotierende Körper verteilt.

Das südliche Pfersee

Der Pfersee-Park an der Ecke Franz-Kobinger-/Färberstraße beherbergt heute Geschäfte, Arztpraxen und Gastronomie. Nichts erinnert mehr an die Chemische Fabrik, die in den 1920er Jahren hier das weltweit bekannte Imprägnol erfand. Die 1888 gegründete Appretur- und Schlichtemittelfabrik befand sich im Besitz der Bernheims, die als Juden im Dritten Reich enteignet wurden. Erst nach dem Zweiten Weltkrieg gelangte die „Chemische" wieder in Familienbesitz. Als das Unternehmen nach Langweid umsiedelte, entstand 1990 auf dem alten Fabrikgelände der Pfersee-Park.

Der neubarocke Pfarrhof

Der Pfarrhof von Herz Jesu entstand in Zusammenhang mit der Kirche – wenngleich in einem anderen Stil. Er wurde wahrscheinlich ebenfalls vom Architekten Michael Kurz entworfen.

Bilder: Angelika Prem

Bilder: Karl Fieger

Das ehemalige Postamt an der Franz-Kobinger-Straße wurde 1925 nach Plänen des bekannten Architekten Thomas Wechs gebaut. Die Tür zeigt Motive mit damaligen Aufgaben der Post, wie z.B. Personenbeförderung oder Rundfunk.

Rosen schmücken die Fassade dieses Hauses in der Dambörstraße. Die Pferseer nennen es deshalb Rosenhaus. Die Bemalung wurde in den 1980er Jahren von den Bewohnern selbst gestaltet.

Bilder: Angelika Prem

Am Mühlbach

Auf dem ehemaligen Gelände der Spinnerei und Weberei Pfersee (SWP) entstand in den 1990er Jahren das Mühlbachviertel mit Eigentumswohnungen, einem Seniorenpflegeheim und einer Kindertagesstätte. Die 1866 gegründete SWP wurde wegen ihrer Dimension auch die „Große Fabrik" genannt. Heute erinnern nur noch Straßennamen (Zur Spinnerei, Am Webereck) und das kleine Kraftwerk an diese mächtige Fabrikanlage, in die zeitweise täglich mehr als tausend Mitarbeiter strömten. In den 1990er Jahren wurde sie geschlossen.

Erika Buschdorf

2001 entstand im
Mühlbachviertel
eine KITA der AWO.

Die Lichtenstein-Rother-Volksschule ist eine Schulgemeinschaft, die auf Grundlage des christlichen Glaubens jedes Kind seinen Begabungen entsprechend fördern und im Leben stärken will.

Für die Renaturierung des Mühlbachs und eine Grünfläche kämpften die Pferseer 1995 in einem Bürgerbegehren, das eine verträgliche Nutzung des alten Fabrikgeländes zum Ziel hatte.

Bilder: Angelika Prem

© Angelika Prem

Silvia I. Bomhardt

Bilder: Karl Fieger

Lutz- und Körnerstraße

Diese Straßennamen entstanden erst im Zuge der Eingemeindung. Pfersee musste auf seine Mozartstraße verzichten, die es bereits in Augsburg gab. Sie wurde deshalb nach dem letzten Pferseer Bürgermeister Lutz benannt. Mit den Direktorenvillen entstanden hier eine Reihe repräsentativer Häuser.

Norbert Steffan

Anke Mennenga

Adlhochschule

Oliver Frühschütz

1946 wurden Adalbertschule und -straße nach Hans Adlhoch umbenannt, um den Augsburger Stadtrat und engagierten Katholiken für seinen Widerstand in der NS-Zeit zu ehren. Adlhoch war nach mehreren KZ-Aufenthalten auf einem Todesmarsch 1945 zusammengebrochen und kurz nach der Befreiung durch die Amerikaner in einem Lazarett verstorben.

Bilder: Karl Fieger

Ein Häuschen im Grünen

Individuell gestaltete Häuser findet man südlich der Adlhochschule rund um die Uhlandstraße. Sie wurden um 1920 gebaut. In einigen Fällen war Sebastian Buchegger der Architekt, was an dem Haus auf der rechten Seite (Adlhochstraße 41) deutlich zu sehen ist. Die Wohngebiete entstanden, um zeitgemäßen Wohnraum für den Mittelstand zu schaffen, der sich ein eigenes Häuschen im Grünen wünschte.

Alfred Wirth

Luitpoldstr.
Werktags
6 - 18h

Bilder: Elvira Pfab

Kleine Häuser mit zum Teil liebevoll gepflegten Vorgärten sowie bunten Fassaden und Fensterläden machen aus der Uhland- und der parallelen Arnulfstraße ein beliebtes Wohngebiet.

Martin Wolf

Barbara Wolff

Bilder: Angelika Prem

Wohnblocks an der Droste-Hülshoff-Straße und Neubauten auf der Uhlandwiese

NIKE

Wertach vital
Angelika Prem

Angelika Prem

Wertach vital

Zum Schutz vor Hochwasser und zur Gewinnung von Nutzflächen war die Wertach ab 1856 deutlich begradigt worden. Zwischen Türkheim und Göggingen wurde der Flusslauf dabei um 20 km verkürzt. Die Fließgeschwindigkeit erhöhte sich dadurch massiv, sodass stetig Erde flussabwärts gerissen wurde. Ab 1920 wurde der Wertachkanal durch Pfersee hindurch verlängert.

Später wurde auch die Eintiefung der Wertach als Problem erkannt: Die Standsicherheit von Brücken und Staustufen war gefährdet. Deshalb entwickelte man in den 1990er Jahren das Projekt „Wertach vital". Die Umsetzung begann allerdings erst nach dem Hochwasser 1999 und sollte ein derartiges Ereignis in Zukunft verhindern. Der Erholungswert des Flusses und Umweltgesichtspunkte spielten dabei eine wichtige Rolle.

Norbert Steffan

Wohnmobilplatz bei den Fischerstuben

Angelika Prem

Naturnah gestalten

Das Projekt Wertach vital gliedert sich in drei Abschnitte:

Zwischen der Staustufe Inningen und dem Ackermannwehr in Göggingen wurden Deiche neu angelegt, saniert oder zurückverlegt. Der Flusslauf wurde verbreitert und Steinrampen zur Stabilisierung der Flusssohle gebaut. Umgehungs- und Auebäche erlauben Fischen und anderen Tieren, unpassierbare Stellen in der Wertach zu umgehen.

Im Abschnitt zwischen dem Ackermannwehr und der -brücke ist der Bau noch nicht abgeschlossen. Steinrampen sollen hier ebenfalls den Fluss natürlicher gestalten. Die Goggelesbrücke musste abgebaut werden, da sie einzustürzen drohte (sie steht heute im Zoo).

Der Abschnitt von der Ackermannbrücke bis zur Einmündung in den Lech wurde zurückgestellt, da man davon ausgeht, dass die Wertach in diesem Bereich genügend Wasser abführen kann.

Bilder: Günther Jaumann

Angelika Prem

An den neuen Ufern fühlen sich neben den Erholungssuchenden auch Tiere und zahlreiche Pflanzen wohl, die ab dem Frühjahr ein buntes Blütenmeer bilden (nächste Seite).

Gänsesäger

Braunklee

Gewöhnlicher Dost – Wilder Majoran

Nachtkerze

Rosen-Malve

Gewöhnlicher Dost – Wilder Majoran

Weidenblättriges Ochsenauge

Echtes Labkraut

Karthäuser-Nelke

Skabiosen-Flockenblume

Wiesen-Salbei

Weidenblättriges Ochsenauge

Karthäuser-Nelke

Sommerflieder

Rosen-Malve

Skabiosen-Flockenblume

Weidenröschen

Große Brunelle (auch Braunelle)

Klette

Bilder: Angelika Prem

Norbert Steffan

Flussidylle aus Holz und Eisen

Einer der wenigen Zugänge über die Wertach nach Pfersee ist der Eisensteg, der die Lokalbahngleise, die entlang der Lutzstraße führen, zum anderen Ufer in Richtung Messegelände bringt. Auch Radler und Fußgänger können hier den Fluss überqueren (siehe auch letzte Seite). Romantisch ist dieser Ort allemal, wie auch die Liebesschlösser beweisen.

Dieter Gillessen

Das nördliche Pfersee

Das Gebiet nördlich der Augsburger Straße ist geprägt durch die beiden Fabriken Dierig und Eberle. Im Umkreis finden sich sowohl Handwerkerhäuschen und Wohnblöcke als auch die typischen prachtvollen Pferseer Bauten aus der Gründerzeit. Die **Firma Christian Dierig** hat zwar die Produktion von Tuchen eingestellt, entwirft jedoch weiterhin Textilien, die nun aber im Ausland hergestellt werden. Für die Produktionsstätten wird eine neue Nutzung gesucht. Auf Teilen des Geländes wurden moderne Häuser zur Seniorenbetreuung errichtet.

Bilder: Angelika Prem

J.N. Eberle & Cie

Die erste Laubsägenfabrik der Welt war in Augsburg bereits seit 1836 ansässig und konnte sich mit dem Titel „Fabrik" schmücken, da Norbert Eberle eine Maschine zum Zahnen von Sägen entwickelt hatte. Zur größeren Geheimhaltung wurde diese von Frau Eberle selbst bedient.

Bis 1870 wurde auch die Fabrikation von Feilen und Uhrfedern in das Sortiment aufgenommen. Ein paar Jahre später kamen Maschinenfedern hinzu.
Um konkurrenzfähig zu sein, versuchte man, ein Kaltwalzverfahren zu entwickeln. Dies gelang 1883 und machte die Suche nach einem geeigneten Gelände mit Wasserkraft außerhalb der Stadt nötig. Fündig wurde man bei der Weißhauptschen Mühle in Pfersee, und damit begann die Firmengeschichte in Pfersee.

Nach der Jahrhundertwende wurde die Firma ausgesprochen erfolgreich. Man exportierte bis nach Südamerika, erschloss den russischen Markt und gewann zahlreiche Preise auf Gewerbeausstellungen und sogar auf den Weltausstellungen.

Die Produktion erfolgte teils in Augsburg, teils in Pfersee, aber die Verwaltung saß in Augsburg. Das erwies sich als hinderlich, und so begann man 1904 mit der Verlegung des Firmensitzes nach Pfersee, 1910 folgte die ganze Produktion.

Um einem Unternehmen von Weltruf auch das entsprechend repräsentative Fabrikgebäude zu erbauen, wurde einer der damals in Augsburg bekanntesten Architekten engagiert: Jean Keller. Von ihm stammt auch das Gögginger Kurhaus.

Text nach Renate Weggel

Bilder: Karl Fieger

Bilder: Karl Fieger

Im Nordosten des Viertels bestehen einige Straßenzüge aus typischen Handwerkerhäusern. In direkter Nachbarschaft kontrastieren die Hochhäuser des Wertachparks. Der Mühlbach, der für die Entwicklung der Industrie so wichtig war, fließt als Hettenbach durch Oberhausen.

Erika Portisch

Bilder: Karl Fieger

Im westlichen Teil des Viertels finden wir wieder ausdrucksvoll gestaltete Bürgerhäuser sowie Wohnblöcke, die ebenfalls schön verziert sind. Wie reich Pfersee an solchen Schmuckstücken ist, zeigen die nächsten Seiten.

Die ehemalige Gaststätte Siegeshalle ist jetzt ein Seminar- und Tagungshaus des SOS-Kinderdorf e.V.

18

Bilder: Karl Fieger

Das neue Pfersee

Silvia I. Bomhardt

Nördlich der Flanderstraße erinnern lediglich die Straßennamen an die Zeit der amerikanischen Besatzung. Hier auf dem Gelände des ehemaligen Centerville entstanden Einfamilienhäuser, die Seniorenresidenz Albaretto und zwei Restaurants an einem künstlich geschaffenen See. Eigentlich gehört dieses Gebiet zu Kriegshaber, doch die Bgm.-Ackermann-Straße wird eher als Grenze empfunden.

Bernd Wißner

Florian Mücke

SBQ

Sheridan-Gelände

Am Westrand von Pfersee ließen die Nationalsozialisten ab 1934 neue Kasernen errichten. Nach Kriegsende nutzten US-Truppen den ausgedehnten Komplex und prägten Pfersee bis zu ihrem Abzug 1998 nachhaltig. Die ehemalige Sheridan-Kaserne ist mit fast 70 ha die größte militärische Konversionsfläche in Augsburg. Heute präsentiert sich der Sheridan-Park als eine Mischung von Wohn- und Gewerbeflächen, eingebettet in Grünanlagen. Einige ehemalige Kasernengebäude wurden erhalten (Seite 112).

Angelika Prem

Im Norden des Sheridan-Parks, gegenüber dem Westfriedhof, vermietet das Sheridan Business Quartier (SBQ) Büroräume.

Bilder: Karl Fieger, unten: Spielplatz mit Trampolinen im Sheridan Park.

Barbara Wolff

Parkanlagen

Im Zuge der Umgestaltung wurden ausgedehnte Grünanlagen mit Staudenpflanzen und Gräsern neu angelegt. Zusammen mit dem historischen Baumbestand ist so ein Naherholungsgebiet für die Anwohner entstanden. Es wird von Nord nach Süd durch einen Weg verbunden, der einem Flusslauf ähnelt. Zu beiden Seiten locken Spielplätze (siehe Seite 116) und Freizeitangebote für alle Altersgruppen.

Florian Strobl

Florian Strobl

Der neue Sheridan-Park: Ungewöhnliche Perspektiven helfen, die Stadtteile Pfersee und Oberhausen von einer bislang unbekannten oder wenig beachteten Seite darzustellen. Foto: Archiv

01 01 01 01

Einige Gebäude erinnern noch an die Zeit der amerikanischen Präsenz wie z. B. die Chapel. Die US-Soldaten benutzten auch das Offizierscasino der deutschen Luftnachrichtenkaserne, das heute unter Denkmalschutz steht. Besondere Beachtung findet Gebäude Nr. 116, ein ehemaliges KZ-Außenlager in der Kfz-Halle, in der nun eine Gedenkstätte der Begegnung und Erinnerung geplant ist (siehe Seite 16).

Norbert Steffan

Bayr. Bauernverband

Lindner Sprühsysteme GmbH

In der Nähe der B 17-Ausfahrt präsentieren sich eine Reihe exklusiv gestalteter Gewerbebetriebe.

Bernd Mayer GmbH, Maschinenbau

Harley Davidson

deka Messebau

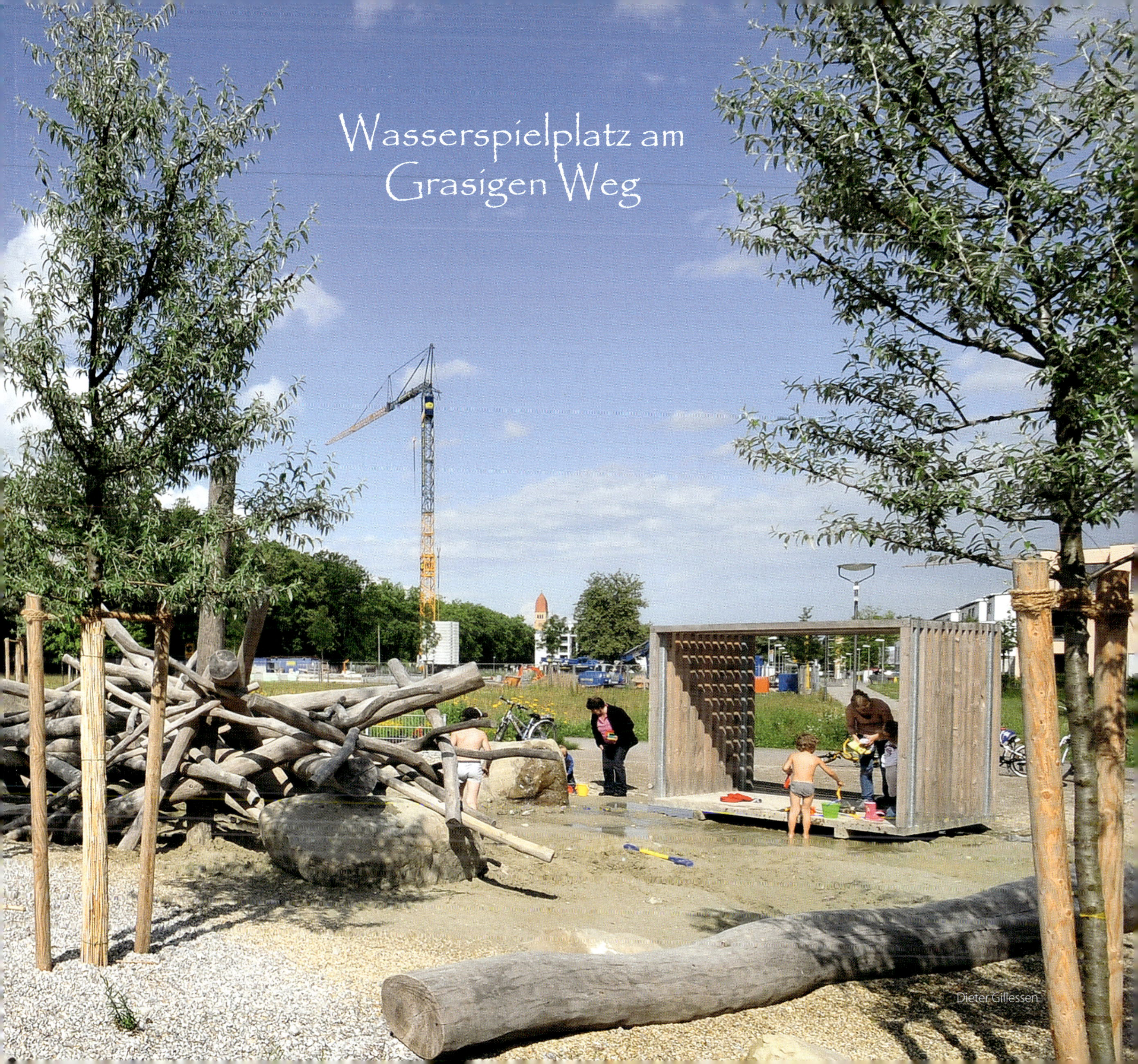
Wasserspielplatz am Grasigen Weg
Dieter Gillessen